DER

DRACHEN-ATLAS

Für Io – A.C.

**Für meine allerliebsten
Nichten und Neffen - P.Q.P.**

LAURENCE KING

Laurence King Verlag GmbH
Jablonskistr. 27, 10405 Berlin
www.laurencekingverlag.de

Erschienen 2024 in Großbritannien unter dem Titel
The Dragon Atlas bei Laurence King, London

Übersetzung Frederik Kugler

ISBN: 978-3-96244-390-0
Hergestellt in China, 1. Auflage Juni 2024

FSC www.fsc.org MIX Paper from responsible sources FSC® C104740

Laurence King ist ein Imprint von
The Orion Publishing Group Ltd.
Part of Hodder and Stoughton
Carmelite House
50 Victoria Embankment
London EC4Y 0DZ
Ein Unternehmen von Hachette UK
www.hachette.co.uk
www.hachettechildrens.co.uk
www.laurenceking.com

Die Geschichten und Informationen in diesem Buch stammen aus alten traditionellen Erzählungen und Mythen vieler Kulturen der Welt. Die Autorin hat jeweils eine Nacherzählung ausgewählt, obwohl es von jeder Geschichte oder Tradition verschiedene Versionen geben kann.

DER DRACHEN-ATLAS

LEGENDÄRE DRACHEN AUS ALLER WELT

GESCHRIEBEN VON
ANNA CLAYBOURNE

ILLUSTRIERT VON
PHAM QUANG PHUC

Laurence King

INHALT

DIE

WELT DER DRACHEN

Auf einem alten Kupferglobus aus der Zeit um 1510 findet sich die berühmte Inschrift HIC SUNT DRACONES. Das ist Lateinisch und bedeutet „Hier sind Drachen." Die Textphrase steht in der Nähe der Küste Südostasiens und warnt vor den gefährlichen Ungeheuern, die Entdecker*innen und Seeleute dort finden könnten.

Diese Warnung könnte aber genauso gut überall auf dem Globus stehen. Denn ganz egal wohin man reist, von der eisigen Arktis bis hin zu tropischen Dschungeln, von Ost nach West oder von Nord nach Süd, überall erzählt man sich Geschichten von Drachen oder warnt vor ihnen. Seit dem Altertum haben sogar Kulturen, die Ozeane voneinander getrennt lebten und nichts von der Existenz der jeweils anderen wussten, schuppige, Feuer speiende, fliegende oder kriechende Bestien mit tödlichen Gelüsten, geheimnisvollen Fähigkeiten oder magischen Kräften beschrieben.

Es scheint, als hätten Drachen immer schon die Welt mit uns geteilt. Oft sind sie nicht zu sehen, verstecken sich in Berghöhlen oder Kratern, lauern in tiefen Gewässern oder fliegen nachts über uns hinweg. Aber wir finden sie in den Geschichten, Mythen und Legenden fast aller Kulturen der Erde, und viele Menschen glauben, dass es sie wirklich gibt. Du auch?

WAS IST EIN DRACHE?

Es gibt viele Arten von Drachen, aber sie haben einige Gemeinsamkeiten. Sie sehen meist wie riesige Schlangen, Eidechsen oder Krokodile aus, mit langen, schuppigen Körpern und Schwänzen. Einige haben Flügel und können fliegen, andere nicht, und nicht alle Drachen spucken Feuer – aber fast alle haben einen erkennbaren Drachenkopf mit großen Nasenlöchern, glühenden Augen und Hörnern oder einem Schädelkamm. Drachen sind oft groß, aber es gibt auch welche, die so klein sind, dass sie auf deiner Hand sitzen können.

NIMM DICH IN ACHT!

Drachen können, wie Menschen, gut oder böse sein. Viele sind, vor allem in Asien, freundliche, hilfsbereite Wesen, die sich um die Menschen kümmern und über die Natur wachen. Es gibt aber auch viele gefährliche, tödliche oder durch und durch bösartige Drachen, die nicht davor zurückschrecken, Menschen zu fressen oder das Land mit ihrem Feueratem zu versengen. Sogar gutmütige Drachen können böse werden, wenn man sie ärgert. Sei also immer auf der Hut, achte darauf, sie nicht zu stören ... und bereite dich mit dem nützlichen Drachen-Ratgeber auf Seite 48 vor, bevor du auf Drachensuche gehst.

EUROPA

Willkommen in Europa, dem zweitkleinsten Kontinent der Erde, der von vielen Gewässern umgeben ist. Auf diesem Kontinent findest du vom eisigen Norden bis zum milden Mittelmeer unzählige Drachen in den lokalen Mythen und Märchen. Auch Orte wie der Drachenhügel (Dragon Hill) in England, die Drachenhöhle in Kroatien und die Drachenseen von Griechenland erinnern an sie.

Viele dieser Drachen gehören zu einer bestimmten Art, die unter Drachenexpert*innen als Europäischer Drache bekannt ist. Sie ähneln meist einer riesigen Schlange oder Eidechse, haben vier Beine, Hörner und einen langen Schwanz. Oft fliegen diese Drachen mit ledrigen, fledermausähnlichen Flügeln, wobei einige keine Flügel haben und stattdessen über den Boden kriechen. Sie können Feuer spucken oder tödliches Gift ausatmen, viele leben in Höhlen, aber einige bevorzugen Wälder, Seen oder das Meer.

Aber wo auch immer du auf sie stößt, sei vorsichtig: Europäische Drachen sind sehr gefährlich, vor allem, wenn sie einen Schatz bewachen. Wir haben dich gewarnt!

SCHWEDEN
FINNLAND
RUSSLAND
Der nordische Drache **FÁFNIR** hütet hier seinen Schatz.
NORWEGEN
Hier haust **SMEJ GORYNYTSCH,** ein böser gestaltwandelnder Drache.
DÄNEMARK
POLEN
Der **WAWEL-DRACHE** lebte in Krakau, bis er platzte!
DEUTSCHLAND
Die **DRACHENSEEN** entstanden, als sich zwei Drachen mit Steinen bekämpften.
UKRAINE
Halte nach der ungewöhnlichen Flussbewohnerin **TARASQUE** Ausschau.
FRANKREICH
KROATIEN
DRACHENHÖHLE auf der Insel Brač.
ITALIEN
GRIECHENLAND

ASSIPATTLE UND DER STOOR WORM

DIE NIEDERLAGE EINES GIGANTEN

ORKNEY, SCHOTTLAND

Den Legenden der Orkney-Inseln zufolge war der Stoor Worm ein riesiger Meeresdrache, der die ganze Welt terrorisierte. Er verschlang und zermalmte Schiffe in wenigen Sekunden und konnte an Land kriechen und ganze Städte ins Wasser fegen. Überall, wo der Stoor Worm seinen berggroßen Kopf aus dem Wasser hob, befahl er den Einheimischen, ihm jeden Samstag sieben junge Frauen zum Verspeisen zu bringen.

Eines Tages kam der Stoor Worm in ein schönes Königreich und stellte seine üblichen Forderungen. Die Menschen, die dort lebten, mussten dem Drachen ihre Töchter opfern oder riskieren, dass ihre Stadt zerstört wurde. Als jedoch die Tochter des Königs an die Reihe kam, beschloss dieser, dass es genug war, und versprach demjenigen, der den Stoor Worm tötete, sowohl sein magisches Schwert Sickersnapper als auch sein Königreich.

Ein junger Bauernsohn namens Assipattle wollte sich der Herausforderung stellen. Alle lachten, aber Assipattle nahm etwas heißen Torf aus dem Feuer und ritt auf dem schnellsten Pferd seines Vaters zu der Stelle, wo der Drache wartete. Mit dem Boot des Königs segelte er auf das Ungeheuer zu, das sein riesiges Maul öffnete und ihn mitsamt dem Boot verschlang.

Tief im Bauch des Stoor Worm warf der Bursche den heißen Torf über Bord und setzte die Eingeweide des Drachen in Brand. Die Kreatur brüllte vor Schmerz, spie Feuer und dichten Rauch, der den Himmel erfüllte, und schleuderte Assipattle und sein Boot aus seinem Maul zurück an den Strand.

Der König, sein Volk und Assipattle kletterten auf einen Hügel und beobachteten, wie der Drache verbrannte und sich qualvoll wand. Seine riesige, gespaltene Zunge schoss aus seinem Maul und riss einen tiefen Graben auf, der zur Ostsee wurde. Seine Zähne fielen heraus und formten die Orkney-, Shetland- und Färöer-Inseln. Schließlich rollte sich sein lichterloh brennender Körper zusammen und bildete Island. Wie der König versprochen hatte, gab er Assipattle sein Schwert und sein Königreich. Assipattle heiratete die Tochter des Königs, und das Volk bejubelte den Sieg über den Stoor Worm.

HERENSUGUE

BASKENLAND

In alten baskischen Märchen wird der Herensugue als siebenköpfiges Ungeheuer beschrieben. Jeder Kopf ist ein Babydrache, der zur vollen Größe heranwächst, bevor er abfällt und ein weiterer Herensugue wird. Es gibt viele Geschichten über dieses furchterregende, feuerspeiende Ungeheuer. In einer gibt eine Mutter ihrem Sohn einen Kuchen mit auf die Reise, den er einer armen alten Frau schenkt, die ihm zum Dank einen Zauberstab gibt, der jedes Ungeheuer zu töten vermag. Als er eine Stadt erreicht, die von einem Herensugue terrorisiert wird, nimmt er den Stab und tötet den Drachen, indem er ihm damit auf den Kopf tippt.

WAWEL-DRACHE

POLEN

Nach einer berühmten polnischen Legende lebte der Wawel-Drache in einer Höhle unter dem Wawelhügel, dem Standort des königlichen Schlosses in der Stadt Krakau. Die Bewohner*innen der Stadt lebten in Angst, und um den Drachen davon abzuhalten, Menschen zu fressen, mussten sie ihm jeden Tag Schafe und Kühe opfern. König Krak versprach demjenigen seine Krone, der den Drachen zu vernichten vermochte. Viele versuchten es und scheiterten, bis ein junger Schuhmacher namens Dratewka ein Schaf mit Schwefel füllte. Der Wawel-Drache fraß es und bekam so großen Durst, dass er zum Fluss lief und so viel Wasser trank, dass er platzte! Seine Höhle unterhalb des Wawelhügels kann man bis heute besichtigen und eine Statue des Drachens bewundern, die echtes Feuer speit.

SMEJ GORYNYCH

RUSSLAND UND UKRAINE

Smej Gorynych, der „Drache der Berge", wird in vielen alten russischen und ukrainischen Geschichten und Liedern erwähnt. Dieser riesige Drache mit drei gehörnten Köpfen, sieben Schwänzen und glänzenden Kupferkrallen war dafür bekannt, dass er ganze Dörfer in Brand steckte und eine verführerische Menschengestalt annahm, um junge Frauen zu entführen. Der berühmte *Bogatyr* (Held) Dobrynja Nikititsch kämpfte gegen den Drachen, woraufhin ihn dieser um Gnade anflehte und versprach, nie wieder jemanden anzugreifen. Dobrynja ließ ihn frei, aber der Smej kehrte zu seinen alten Gewohnheiten zurück. Also bekämpfte Dobrynja ihn erneut und töte den Smej schließlich in einer drei Tage währenden Schlacht.

FÁFNIR

SKANDINAVIEN

Fáfnir, der mächtige Drache der nordischen Mythologie, war nicht immer ein Drache. Er war einst ein *Dvergr*, ein magisches, elfenähnliches Wesen, und der Sohn von König Hreidmar. Fáfnirs Bruder Otur konnte sich in einen Otter verwandeln und wurde in dieser Gestalt versehentlich vom Gott Loki getötet. Als Wiedergutmachung musste Loki König Hreidmar einen Schatz aus Gold geben, der jedoch mit einem Fluch belegt war und jeden zerstörte, der ihn besaß. Fáfnir tötete aus Habgier seinen Vater, floh in eine Höhle in der Wildnis und nahm die Gestalt eines furchteinflößenden, flügellosen Drachens an, der Gift verspritzt, um seinen kostbaren Schatz zu schützen.

TARASQUE

FRANKREICH

Vor langer Zeit trieb im Süden Frankreichs die furchterregende Tarasque an den Ufern der Rhône ihr Unwesen. Die seltsame sechsbeinige Bestie sah aus wie eine Kreuzung aus Fisch und Schildkröte, hatte Stacheln auf dem Rücken, scharfe Zähne und einen peitschenden Schwanz, mit dem sie zustechen konnte. Sie brachte Boote zum Kentern und verschlang die Menschen, die herausfielen. Viele tapfere Ritter versuchten, sie zu töten, aber niemandem gelang es. Schließlich baten die Menschen die Heilige Martha um Hilfe, die die Bestie mit ihrer Güte zu zähmen und fortzuführen vermochte. Die Stadt Tarascon wurde nach dem berühmten lokalen Drachen benannt.

DER ROTE DRACHE

WALES

Der rote Drache (*Y Ddraig Goch* auf Walisisch) ist seit über tausend Jahren das Symbol von Wales. Einer alten Legende zufolge fühlte sich König Lludd von einem roten Drachen aus der Gegend gestört, der laut brüllend mit einem weißen Drachen kämpfte. Um sie zum Schweigen zu bringen, fing er sie und begrub sie unter dem Hügel Dinas Emrys. Lange Zeit später baute König Vortigern eine Burg, die jedoch immer wieder einstürzte. Ein kleiner Junge erzählte ihm, dass dies an den Drachen darunter lag, und so grub Vortigern nach ihnen. Die Drachen erwachten und setzten ihren Kampf fort. Schließlich besiegte der tapfere rote Drachen seinen Feind und wurde zum Symbol von Vortigerns Königreich.

LERNE DIE DRACHEN KENNEN

Alle glauben zu wissen, wie Drachen aussehen, aber tatsächlich kommen diese fantastischen Tiere in allen Formen und Größen vor und können unterschiedlichste Merkmale und magische Fähigkeiten aufweisen. Jeder Kontinent, jeder Winkel auf der Erde hat seine ganz eigenen typischen Drachen. Lerne auf dieser Doppelseite die wichtigsten Drachenarten kennen, die es auf der Welt gibt – darunter auch die in diesem Buch.

EUROPÄISCHE ODER WESTLICHE DRACHEN

Diese Drachenart, die seit dem Altertum in europäischen Volksmärchen und Legenden vorkommt, ist in der Regel groß, schuppig und hat meist vier Beine und zwei Flügel. Die Art hat einen großen Kopf, scharfe Zähne, weite Nasenlöcher und mehrere Hörner oder Stacheln. Diese Drachen können oft fliegen und spucken Feuer.

Zu den Europäischen Drachen zählen:

Wyvern: kleiner zweibeiniger Drache. Hat oft einen schlangenartigen Schwanz, der mit einem giftigen Stachel ausgestattet sein kann.

Cockatrice oder **Basilisk:** ähnlich wie ein Wyvern, aber mit einem Hahnenkopf. Er ist zwar klein, kann aber mittels seines Atems, einer Berührung oder seines Blicks töten.

Dragonet: kleiner oder junger Drache. Kann winzig sein, aber dennoch seine Feinde mit seinem giftigen Atem oder säurehaltigen Blut töten.

Lindwurm: lange, schlangenartige Drachenart. Manche haben einen Schädelkamm, eine Mähne oder Stacheln auf dem Rücken.

ASIATISCHE ODER ÖSTLICHE DRACHEN

Drachen kommen oft in asiatischen Legenden vor. In China, Japan, Korea, Vietnam und den angrenzenden Ländern ähnelt ein typischer Drache einer riesigen, schuppigen Schlange mit vier Beinen und einem Drachenkopf.

Der kambodschanische **Neak** hat oft keine Beine.

AFRIKANISCHE DRACHEN

Viele Afrikanische Drachen, die in der ägyptischen Mythologie, in äthiopischen Legenden und in anderen afrikanischen Erzählungen auftauchen, sehen aus wie riesige Reptilien mit dinosaurier- oder echsenähnlichen Merkmalen. Sie können auch anderen Tieren ähneln. Die **Grootslang** aus Südafrika ist zum Beispiel ein tödliches Ungeheuer, das teils Schlange, teils Elefant ist.

GEHÖRNTE SCHLANGEN

Gehörnte Schlangen tauchen auf dem amerikanischen Kontinent in alten Mythen auf. Manchmal auch an anderen Orten, wie Afrika. Diese schlangenähnlichen Kreaturen haben zum Teil Federn oder gefiederte Flügel. Manche haben feurige Augen, während andere im Flug eine glühende Spur über den Himmel ziehen.

Der aztekische Gott **Quetzalcoatl** erscheint oft als gehörnte Schlange.

Der **Arwe**, ein uralter Drache aus Äthiopien, war eine riesige Schlange mit einem gehörnten Drachenkopf.

WIE VIELE KÖPFE?

Die meisten Drachen haben nur einen Kopf, aber einige haben mehr. Der **Smej Gorynych** hat drei, der **Kuzury** aus Japan neun, aber einer schlägt sie alle: der uralte griechische Drache **Ladon**, der die Äpfel im Garten der Göttin Hera bewacht. Er hat hundert Köpfe.

AFRIKA

Afrika ist ein weiter Kontinent mit dichten Dschungeln, ausgedehnten Wüsten, zerklüfteten Gebirgszügen und mächtigen, tosenden Flüssen, wo so mancher wilder Drache sein Unwesen treibt.

Vor langer Zeit galt Äthiopien im Osten Afrikas als das Land, aus dem die Drachen stammen. Aber auch in vielen anderen Teilen Afrikas wurden Drachen gesichtet, vom reißenden Fluss Kongo über die weiten Sümpfe Westafrikas bis hin zu den hoch aufragenden Drakensbergen in Lesotho. Einige Afrikanische Drachen sehen aus wie Dinosaurier, und manche meinen, sie leben immer noch hier. Andere Drachen teilen Merkmale mit afrikanischen Tieren wie Krokodilen, Elefanten oder sogar Giraffen. Aber egal, wie sie aussehen – nimm dich in Acht: viele dieser Drachen sind gefährlich. Auch wenn sie dich nicht sofort fressen, kann bereits ihr Anblick großes Unheil anrichten!

MOKELE-MBEMBE

KONGO (FLUSS)

Viele Einheimische und Reisende haben den schrecklichen Mokele-Mbembe, ein Wassergeschöpf des Kongos, beschrieben. Er soll größer sein als ein Elefant sowie einen sehr langen Hals und Nacken und riesengroße, schuppige Füße mit drei Krallen haben. Manche sagen, er habe ein riesiges einzelnes Horn, während andere von einer Art Stoßzahn berichten. Der Mokele-Mbembe verbringt die meiste Zeit versteckt in den Höhlen entlang des gewundenen Flussufers. Dass er Menschen frisst, ist unwahrscheinlich, da er Vegetarier ist und sich von Lianen und Früchten ernährt. Aber manchmal schwimmt er im Fluss, und dann kann er sehr gefährlich werden, da er jedes Boot, das ihm zu nahekommt, zerschmettert und alle Menschen an Bord angreift.

NINKI-NANKA

GAMBIA UND SENEGAL

In Westafrika gibt es viele tiefe und gefährliche Sümpfe, die perfekte Verstecke für den gefürchteten Ninki-Nanka sind. Diese gewaltige, drachenähnliche Kreatur hat den langen Hals einer Giraffe, spitze Hörner, spiegelnde Schuppen und immer Heißhunger. Kinder werden gewarnt, dass der Ninki-Nanka sie schnappen wird, wenn sie sich in den Sumpf wagen. Selbst wenn man nur einen Blick von ihm erhascht, wird man von einer schrecklichen Krankheit befallen.

INKANYAMBA
SÜDAFRIKA

Inkanyamba ist eine riesige Wasserschlange mit einem pferde- oder drachenähnlichen Kopf, die in den Seen und Wasserfällen der Region KwaZulu-Natal in Südafrika leben soll. Sie kann sich auf ihrem Schwanz turmhoch aufrichten und sich mit fledermaus- oder flossenartigen Flügeln in die Luft schwingen. Den Legenden zufolge ist sie im Sommer am aktivsten, wenn sie auf Partnersuche von einem Wasserfall oder See zum nächsten fliegt. Bleibt sie erfolglos, wird sie wütend und verursacht mit ihrem Zorn heftige Sommerregenfälle oder Tornados.

KHODUMODUMO
LESOTHO

In den traditionellen Erzählungen der Basotho in Lesotho ist der Khodumodumo ein so geheimnisvolles wie bösartiges Ungeheuer. Sein riesiges Maul ist voller scharfer Zungen, mit denen es seine Opfer ersticht. Einer Legende zufolge verschlang es einst in einem Wutanfall alle Menschen und ihre Tiere. Nur eine Frau überlebte, indem sie sich in einem Misthaufen versteckte, wo der Khodumodumo sie nicht riechen konnte. Sie gebar einen Sohn, der innerhalb eines Tages erwachsen wurde und sich auf die Suche nach der Bestie machte. Er wich ihren tödlichen Zungen aus, schlitzte sie auf und befreite so alle wieder.

GBAHALI
LIBERIA

Im dichten Dschungel von Liberia berichten die Einheimischen oft von Sichtungen des fürchterlichen Gbahali. Diese drachenartige Flusskreatur ähnelt einem riesigen Krokodil oder einer Echse mit stachelbesetztem Rücken. Sie ist bis zu zehn Meter lang, kriecht jedoch nicht, sondern läuft aufrecht auf zwei langen Beinen. Sie soll aus Flüssen auftauchen, um Menschen oder Tiere zu packen und unter Wasser zu ziehen. Manche glauben, dass es sich um eine unbekannte Spezies handelt, die ein lange verschollener Verwandter des Postosuchus sein könnte, eines wilden, prähistorischen Reptils, das zur gleichen Zeit wie die Dinosaurier lebte.

THÁKANE, DIE DRACHENTÖTERIN

DIE PRINZESSIN, DIE EINEN DRACHEN HÄUTETE

LESOTHO

Einer alten Legende aus Lesotho zufolge war Thákane die Tochter eines großen Basotho-Oberhaupts, doch als ihre Eltern starben, musste sie sich allein um ihre beiden Brüder kümmern. Traditionell trugen die Jungen die Häute der Tiere, die ihre Väter erlegt hatten. Da Thákanes Brüder keinen Vater mehr hatten, ging sie selbst auf die Jagd, um sie in Löwen- und Büffelhäute zu kleiden. Die verwöhnten Prinzen beschwerten sich jedoch und fanden, dass sie als Söhne eines Anführers Nanabolelehäute tragen sollten.

Das war schwierig, da Nanabolele wilde Unterwasserdrachen sind. Dennoch nahm Thákane ihren Speer und machte sich auf den Weg. Nach vielen Tagen kam sie an einen großen Teich, dem eine alte Frau entstieg. Diese führte Thákane in ein verborgenes Unterwasserdorf, in dem die Nanabolele lebten, und versteckte sie in einem Loch. Als die Kreaturen zurückkehrten, brüllten sie: „Wir riechen einen Menschen. Wo hat er sich versteckt?“ Sie fanden jedoch niemanden und schliefen ein.

Thákane kam aus ihrem Versteck, tötete einen Drachen und häutete ihn, um seine Haut mit nach Hause zu nehmen. Bevor sie ging, gab ihr die alte Frau einen magischen Kieselstein. „Die anderen Nanabolele werden dich jagen“, sagte sie. „Aber wenn du diesen Kiesel zu Boden wirfst, wird er zu einem Berg, den sie nicht überwinden können.“ Thákane nahm den Kiesel und warf ihn, als die Drachen sie einzuholen drohten. So kehrte sie in ihr Dorf zurück, und ihre Brüder bekamen ihre Drachenhäute.

DRACHENHÖHLEN

Weißt du, wo Drachen leben? Drachen sind meist ziemlich groß und leben allein. Deswegen findet man sie oft an wilden, entlegenen Orten, wo sie viel Platz haben, wie Berge, Hügel und Höhlen, Wälder, Seen oder Sümpfe. Aber genauso wie es viele Drachenarten gibt, gibt es auch viele unterschiedliche Nester, Verstecke und andere Orte, an denen sie leben.

HÖHLEN VOLLER SCHÄTZE

Viele Drachen bewachen einen Hort, einen Goldschatz. Abgelegene Höhlen sind perfekte Verstecke, da ihre Beute dort sicher vor Räubern ist. Der nordische Drache Fáfnir floh zum Beispiel in eine einsame Höhle, um seinen gestohlenen Schatz zu beschützen. Die afrikanische Grootslang soll in einer tiefen, dunklen Höhle im Richtersveld leben, die mit Diamanten und anderen Edelsteinen gefüllt ist. Und der Drache aus der alten englischen Legende von *Beowulf* hütet seinen Goldschatz in einem unterirdischen Grabhügel.

SCHLOSSDRACHEN

Alte Schlösser werden oft mit berühmten Drachen in Verbindung gebracht. Polens berüchtigter Wawel-Drache soll unter dem Königsschloss in Krakau gelebt haben, und laut einer anderen Legende übernahm ein großer Drache Denbigh Castle in Wales und ließ sich im Rittersaal nieder.

WASSERDRACHEN

In vielen Teilen der Welt, insbesondere in Asien und Ozeanien, werden Drachen oft mit Wasser in Verbindung gebracht. Sie leben in Flüssen, Teichen oder Seen oder im Meer. Die französische Tarasque trieb in der Rhône ihr Unwesen, während Ryujin, der japanische Gott der Drachen, unter Wasser in einem Korallenpalast leben soll.

HOCH AM HIMMEL

Manche Drachen verbringen die meiste Zeit in der Luft, um nach Nahrung Ausschau zu halten und von Ort zu Ort zu ziehen. In manchen Teilen Asiens gebieten sie über Wind, Wolken und Regen. Die chinesischen Tianlong-Himmelsdrachen bewachen die Himmelstore und leben in Wolkenschlössern. In der griechischen Mythologie kämpfte die Göttin Athene gegen den Drachen Draco und warf ihn in den Himmel hinauf, wo er bis heute als Sternbild zu sehen ist.

UNGEWÖHNLICHE HÖHLEN

Andere Drachen haben andere Gewohnheiten und Lager.

Der Silant ist ein wyvernähnlicher Drache aus Tartastan, Russland. Um die Stadt Kasan zu bewachen, baute er sich ein Nest aus Eisenketten, das an zwölf Eichen hing.

Nachdem er als winziges Baby in einem Fluss gefangen wurde, wuchs der englische Lindwurm von Lambton zu einer enormen Größe heran und wickelte sich um einen Hügel.

Die winzigen Pyrausta sind insektengroße Feuerwesen aus Zypern. Sie werden als vierbeinige geflügelte Tiere beschrieben und oft für Minidrachen gehalten. Sie leben in den Flammen von Metall-Öfen und sterben, wenn sie sich zu weit von der Hitze entfernen.

ASIEN

Willkommen in Asien, wo Drachen meist freundliche, magische Wesen sind, die den Menschen helfen, Glück bringen oder die Welt beschützen. Aber vergiss nicht, ihnen als mächtige Natur- und Zauberwesen den größten Respekt entgegenzubringen.

In vielen Teilen Asiens wirst du auf eine Drachenart stoßen, die als Asiatischer Drache bekannt ist. Sie wird in China Long genannt, in Korea Yong oder Ryong, in Vietnam Rong, hat aber in Asien noch viele andere Namen. Diese Drachen haben lange, schlangenförmige Körper, vier kleine Beine und große Krallen wie ein Adler. Sie haben große Augen, lange Schnurrhaare und verzweigte Hörner, die dem Geweih eines Hirschen ähneln können. Meist haben sie keine Flügel – können aber trotzdem fliegen!

Es gibt aber noch andere Drachenarten in Asien, wie den sibirischen Weltraumdrachen Alklha und den mondverschlingenden Bakunawa von den Philippinen.

SIBIRIEN
Der Weltraumdrache ALKLHA verdunkelt den sibirischen Himmel.
Der Drachenkönig AO SHUN herrscht über den Baikalsee, auch Nordmeer genannt.
Der Drachenkönig AO RUN herrscht über den Quinghai-See, auch Westmeer genannt.
Hier könnte ein IMUGI nach tausend Jahren zu einem Drachen werden.
Der Luo-Fluss: Hier erschien der Pferdedrache LONGMA dem Gott Fu Xi.
CHINA
In chinesischen Erzählungen verwandeln sich Karpfen in Drachen, wenn es ihnen gelingt, einen hohen Wasserfall im Gelben Fluss zu überspringen, der LONGMEN oder „DRACHENTOR“ genannt wird.
KOREA
JAPAN
Hier lebt der mächtige RYŪJIN in einem Unterwasserpalast.
Der AO GUANG herrscht über das Ostchinesische Meer, auch Ostmeer genannt.
BHUTAN
er DRUK ist eines der ationalsymbole von Bhutan.
Halong-Bucht: Hier landete die DRACHENMUTTER mit ihren Kindern.
Der AO QIN herrscht über das Südchinesische Meer, auch Südmeer genannt.
PAZIFISCHER OZEAN
Hier lebt der mondverschlingende BAKUNAWA.
PHILIPPINEN
VIETNAM
KAMBODSCHA
INDONESIEN

DER CHINESISCHE LONG

CHINA

Drachen spielen in der chinesischen Kultur und in ihren Legenden eine große Rolle. Der Drache (Long), ist eins der zwölf Zeichen des chinesischen Tierkreises und ein Symbol für Glück, Stärke, Güte und Erfolg. Drachen tauchen häufig in Dekorationen, Kunstwerken und traditionellen Tänzen auf, die von einer langen Reihe Tänzer*innen im Drachenkostüm aufgeführt werden. Diese anspruchsvollen Darbietungen werden heute in vielen asiatischen Ländern aufgeführt.

DIE VIER DRACHENKÖNIGE

CHINA

Die Drachenkönige (Longwang) galten im alten China als die Herrscher über die vier „Meere" (zu denen auch zwei Seen gehören). Diese vier Drachen können die Gestalt eines Menschen oder riesigen Wasserspeiers annehmen. Sie leben in gläsernen Unterwasserpalästen und ernähren sich von Perlen und Edelsteinen. Ihre Wächter und Diener sind Meerestiere. Jeder Drache repräsentiert eine Himmelsrichtung und Jahreszeit. Die vier Drachen sind:

NORDEN

AO SHUN, DER SCHWARZE DRACHE

Baikalsee
Winter

OSTEN

AO GUANG, DER AZURBLAUE DRACHE

Ostchinesisches Meer
Frühling

WESTEN

AO RUN, DER WEISSE DRACHE

Qinghai-See
Herbst

SÜDEN

AO QIN, DER ROTE DRACHE

Südchinesisches Meer
Sommer

FU XI UND DAS LONGMA

WIE EIN DRACHE SEIN WISSEN TEILTE

LUO-FLUSS, CHINA

In der chinesischen Mythologie besaß der Gott Fu Xi eine menschliche Gestalt und hatte einen langen Drachenschwanz. Er war der Vater aller Menschen und lebte auf der Erde, um sich um sie zu kümmern. Er lehrte sie, wie man fischte, Landwirtschaft betrieb und kochte, wie man Musik spielte, dichtete und Seide herstellte – aber selbst der große Fu Xi wusste nicht alles.

Eines Tages, als Fu Xi auf dem Fluss Luo angelte, begann das Wasser zu brodeln und zu sprudeln, und eine seltsame Kreatur erhob sich aus den Fluten. Sie hatte den Kopf eines Drachens, den Körper eines Pferdes und ein wunderschönes Paar Flügel. Das Longma stand auf dem Wasser und ging auf Fu Xi zu, wobei es voller Respekt den Kopf neigte. Fu Xi entdeckte acht Symbole auf dem Körper des Tieres, als es seine Vorderfüße hob und in den Himmel flog.

Fu Xi griff schnell nach einem Stock und zeichnete die Symbole in das schlammige Flussufer. Er studierte die Symbole vier Tage lang, bis er ihren Sinn verstand und das Buch *Yijing* verfasste, das die Wandlungen der Welt erklärt und hilft, die Sterne und Planeten zu lesen und die Zukunft vorauszusagen.

Wer ein Longma sieht, wird ein*e große*r weise*r Anführer*in.

DRUK
BHUTAN

Der Druk oder Donnerdrache ist eines der Nationalsymbole von Bhutan, einem kleinen Land zwischen China und Indien. Auf Dzongkha, der Landessprache, heißt Bhutan Druk Yul, „Land des Donnerdrachens“, während das Volk Drukpa, „Volk des Donnerdrachen“, genannt wird. Der Druk ist sogar auf der Landesflagge abgebildet und gilt als ein freundlicher, weiser Drache, der meist weiß dargestellt wird, für Reinheit steht und die Menschen zu Wahrheit und Güte führt. Sein feuriges Brüllen erzeugt ein Donnergrollen, das oft bei Gewittern in den Bergen des Landes zu hören ist.

IMUGI
KOREA

Wie in anderen asiatischen Ländern, gibt es auch in Korea zahlreiche Drachen, die dort als Yong oder Ryong bekannt sind. Es gibt aber auch Imugi, die noch keine echten Drachen sind, aber eines Tages werden können. Sie sehen aus wie schlangenförmige Meeresbewohner, die Drachen ähneln, aber keine Hörner und (wie manche sagen) keine Beine haben. Um ein echter Drache zu werden, müssen sie über tausend Jahre alt werden und dann darauf warten, dass ein Yeouiju, ein magisches, rundes Juwel, vom Himmel fällt. Fängt ein Imugi es, verwandelt er sich endlich in einen Drachen und kann dann auch fliegen. Imugi sind freundliche, scheue Wesen, die dir sagenhaftes Glück bescheren, solltest du eins sehen.

BAKUNAWA
PHILIPPINEN

Auf den Philippinen heißt es, dass der Bakunawa Erdbeben und Mondfinsternisse verursacht. Dieses gewaltige Ungeheuer hat Flügel, haifischartige Kiemen, ein riesiges Maul und lebt in den tiefsten und dunkelsten Regionen der Meere. Zu Beginn, so die Legende, hatte die Welt sieben Monde. Doch ab und an stieg der Bakunawa aus dem Meer und verschlang einen von ihnen, bis nur noch ein Mond übrig war. Als der Bakunawa erneut auftauchte und versuchte, den letzten Mond zu fressen, beschlossen die Menschen, etwas zu unternehmen. Sie rannten zum Meer, schlugen auf Pfannen und Töpfe und schrien. Sie verscheuchten den Bakunawa, aber seine Zahnabdrücke sind bis heute an unserem Mond zu sehen.

DIE HALONG-BUCHT UND DIE DRACHENMUTTER

DIE GESCHICHTE DER DRACHEN, DIE VIETNAM RETTETEN

VIETNAM

Die Halong-Bucht, eine geschützte Bucht mit Hunderten von Kalksteinfelsen, die hoch aus dem azurblauen Meer aufragen, ist einer der schönsten Orte Vietnams: Ha Long bedeutet „herabsteigender Drache“ und ehrt die Drachen, die einer alten Legende nach das vietnamesische Volk retteten.

Vor langer, langer Zeit, als Vietnam ein neu gegründetes Land war, wurde sein Volk von gnadenlosen Eindringlingen angegriffen, die über den Ozean kamen. Als die Götter ihr Leid sahen, schickten sie die Drachenmutter und ihre Kinder, um ihnen zu helfen. Als sich die Angreifer der Küste näherten, stürzten die Drachen feuerspeiend vom Himmel. Dabei fielen Smaragde und kostbare Jadesteine aus ihren Mäulern. Wo sie landeten, entstanden Inseln, die den Schiffen den Weg zur Küste versperrten. Vom Feuer versengt und an die Felsen geschmettert, zogen sich die Angreifer zurück und wurden nie wieder gesehen.

Als sich die Drachenmutter umsah und bemerkte, wie schön das Land war, und wie fleißig und ehrlich die Menschen, beschloss sie zu bleiben, statt zurück in den Himmel zu kehren. Sie und ihre Kinder verwandelten sich in Menschen und lebten fortan mit dem vietnamesischen Volk. Sie lehrten sie, ihr Land zu bestellen und Vieh zu halten, und bis heute ist die Bucht der vielen Inseln als Halong-Bucht bekannt, als der Ort, an dem die Drachen herabstiegen, um auf der Erde zu leben.

DIE LEGENDE DES DRACHENTALS

HIER LIEGT EIN TODBRINGENDER DRACHE, DER SICH IN STEIN VERWANDELTE

AFGHANISTAN

In einem tiefen Bergtal in Afghanistan liegt ein riesiger, wie eine Schlange geformter Felsen, der der Länge nach in zwei Teile gespalten ist. Legenden zufolge lebte hier einst ein furchterregender Drache. Er ernährte sich jeden Tag von Menschen und Kamelen, und niemand konnte etwas dagegen tun. Zahlreiche tapfere Helden versuchten, ihn zu bekämpfen, aber keiner vermochte sich ihm auch nur zu nähern. Sobald sie es versuchten, verbrannte er sie mit seinem Feueratem zu Asche.

Doch dann erschien der große arabische Krieger Ali ibn Abi Talib mit seinem berühmten Schwert Zulfiqar, dem „Wirbelsäulenspalter". Als er sich dem Drachen nährte, spie das Ungeheuer einen Feuerstrahl aus, und alle dachten, Ali würde bei lebendigem Leib verbrannt werden. Doch etwas Magisches geschah: Ali war so gut und edel, dass ihm die Flammen nichts anhaben konnten. Als sie ihn berührten, verwandelten sie sich in Tulpenblüten und flatterten zu Boden. Ali hob das mächtige Zulfiqar und hieb die Bestie entzwei.

Mit einem donnernden Grollen sank der Drache zu Boden und verwandelte sich in einen Felsenkamm mit einem tiefen Riss in der Mitte – und dort liegt er bis zum heutigen Tag. Ein Bach, der durch den Riss fließt, soll sich aus seinen Tränen der Reue speisen. Das Tal ist als Darya-e Adjahar, als Drachental, bekannt.

VRITRA

INDIEN

In der hinduistischen Mythologie Indiens ist Vritra ein schrecklicher Drache, einer der Asuras (Dämonen), der Feinde der Götter. Vritra ist so lang und schlangenförmig, dass er ganze Berge umschlingen kann. Vor langer Zeit brachte er großes Unheil über die Menschen, indem er alles Wasser aus der Erde saugte: aus allen Flüssen, Seen und Bächen, sogar den Regen aus der Luft, bis eine Dürre das Land verwüstete, die Pflanzen verdorrten und Menschen und Tiere verdursteten. Indra, der König der Götter, zog aus, um Vritra zu bekämpfen, mit nur einem Blitz als Waffe. Sie kämpften viele Tage lang, bis Indra Vritra schließlich durchbohrte. Der Körper des Drachen platzte auf, und alles Wasser strömte heraus und brachte das Leben zurück in die Welt.

ALKLHA

SIBIRIEN, RUSSLAND

Viele Drachen sind groß. Manche sogar riesig. Aber wahrscheinlich gibt es keinen anderen Drachen, der so furchterregend gigantisch ist wie Alklha. Den Legenden der Burjaten zufolge, die in Sibirien leben (im asiatischen Teil Russlands), ist Alklha ein Weltraumdrache, der zwischen den Sternen lebt. Seine schwarzen Flügel breiten sich so weit aus, dass sie den Himmel bedecken und alles Licht verschwinden lassen. Er kann sogar Sonnenfinsternisse verursachen, indem er die Sonne verschluckt. Zum Glück taucht sie jedoch immer wieder auf, da sie so heiß ist, dass Alklha sie schnell wieder ausspucken muss.

DER DRACHENBLUTBAUM

JEMEN

Vor Hunderten von Jahren kauften Apotheker und Alchemisten gehärtete Klumpen tiefroten „Drachenbluts“, um es in ihren Rezepturen und Arzneien zu verwenden. Sie stammten von der abgelegenen Insel Sokotra im Indischen Ozean, wo der Drachenblutbaum wächst. Wenn dieser seltsam aussehende Baum angeritzt wird, tritt leuchtend rotes Harz heraus, was ihm seinen Namen gab. Alten Legenden zufolge lebten hier einst Drachen, und der erste Drachenblutbaum wuchs an der Stelle, an der ein Basilisk (s. S. 14) mit einem Elefanten kämpfte, sich ihr Blut vermischte und es in den Boden sickerte.

DRACHEN DER ANTIKE

Wann tauchten die ersten Drachen auf? Das weiß keiner, aber was wir wissen, ist, dass sich die Menschen seit Tausenden von Jahren Geschichten über Drachen erzählen. Es gibt Drachenlegenden aus dem Alten Ägypten, dem antiken Griechenland und Mesopotamien (dem Gebiet des heutigen Iraks), der Heimat der sumerischen Zivilisation.

TIAMAT UND MUSHUSSU

Diese beiden Drachen kommen in vielen mesopotamischen Mythen und Kunstwerken vor. In einem Schöpfungsmythos namens Enuma elisch war Tiamat eine alte Göttin, die mit dem Gott Abzu verheiratet war. Sie waren die Eltern vieler weiterer Götter. Doch als sich diese Götter gegen ihren Vater wandten und ihn töteten, wurde Tiamat so wütend, dass sie die Gestalt eines riesigen Seedrachens annahm und eine Horde Ungeheuer gebar.

TIAMAT

MUSHUSSU

Eines dieser Ungeheuer war der grimmige Drache Mushussu, der einen schuppigen Körper und Schwanz, vier Füße mit scharfen Klauen, einen langen Hals und einen Drachenkopf mit einer gespaltenen Zunge hat. Er wurde vom Gott Marduk bekämpft und besiegt, der ihn zu seinem treuen Diener und Reittier machte.

DER DRACHE DER UNTERWELT

In den Mythen des Alten Ägypten, die bis 3000 v. Chr. zurückreichen, wird Apophis als böser Schlangendrache beschrieben, der in der Unterwelt lebt. Jeden Tag fährt der Sonnengott Ra mit seiner Barke über den Himmel, und jeden Abend verschwindet er hinter dem Horizont und fährt durch die Unterwelt, wo Apophis auf ihn lauert, um ihn zu fangen und zu verschlingen. Jede Nacht gelingt es Ra oder einem der anderen Götter, Apophis zu töten – doch jede Nacht wird er wiedergeboren.

DIE HYDRA VON LERNA

Dieser antike griechische Drache war ein vielköpfiges Ungeheuer, das im heiligen See von Lerna lebte, einem Eingang zur Unterwelt. Der griechische Held Herkules versuchte, die Hydra zu töten, indem er ihr die Köpfe abschlug, doch jedes Mal, wenn er einen abschlug, wuchsen zwei weitere nach. Also bat Herkules seinen Neffen Iolaos um Hilfe, der jeden Kopf, den Herkules abschlug, mit einer Fackel versiegelte, sodass keine neuen Köpfe nachwachsen konnten. Auf diese Weise konnte die Hydra besiegt werden.

ANTIKE DRACHENKUNST

Viele alte Felszeichnungen und Höhlenmalereien auf der ganzen Welt zeigen Tiere, die Drachen ähneln – manchmal weiß man aber nicht sicher, was sie genau darstellen sollen.

Diese Felszeichnung stammt aus dem Valley of Fire in Nevada, USA, und ist etwa 4.000 Jahre alt.

Die Regenbogenschlange ist ein Reptil, die in der Mythologie der australischen Ureinwohner*innen vorkommt. In dieser Felsmalerei im Norden Australiens sieht sie eher wie ein Drache aus ...

Dieses Drachenbildnis aus Muschelschalen wurde in einem Grab in Puyang, China, gefunden, und ist vermutlich 6.400 Jahre alt.

OZEANIEN

Ozeanien erstreckt sich über eine riesige Fläche, aber viele seiner Länder sind nur winzige Inseln. Im Westen befinden sich die großen Inseln: Australien, Neuseeland und Papua-Neuguinea. Im Osten erstreckt sich der weite Pazifische Ozean, in dem viele winzige Inselstaaten verstreut liegen.

In diesem Wasserreich leben zahlreiche Drachen, und natürlich sind viele davon Wasserungeheuer. Andere leben in Seen, Flüssen und Wasserfällen oder lauern in Berghöhlen. Alte Sagen berichten davon, wie Drachen und Seeschlangen das Land schufen oder formten und Erdbeben, Starkregen und Stürme verursachten.

Ozeanien hat sogar seine eigene Version des Bermudadreiecks, das Drachendreieck, das südlich von Japan im Pazifischen Ozean liegt. Unzählige Schiffe und Boote sind hier verschwunden – vielleicht wurden sie von Seeschlangen verschluckt oder von Stürmen versenkt, die von wütenden Unterwasserdrachen aufgepeitscht wurden.

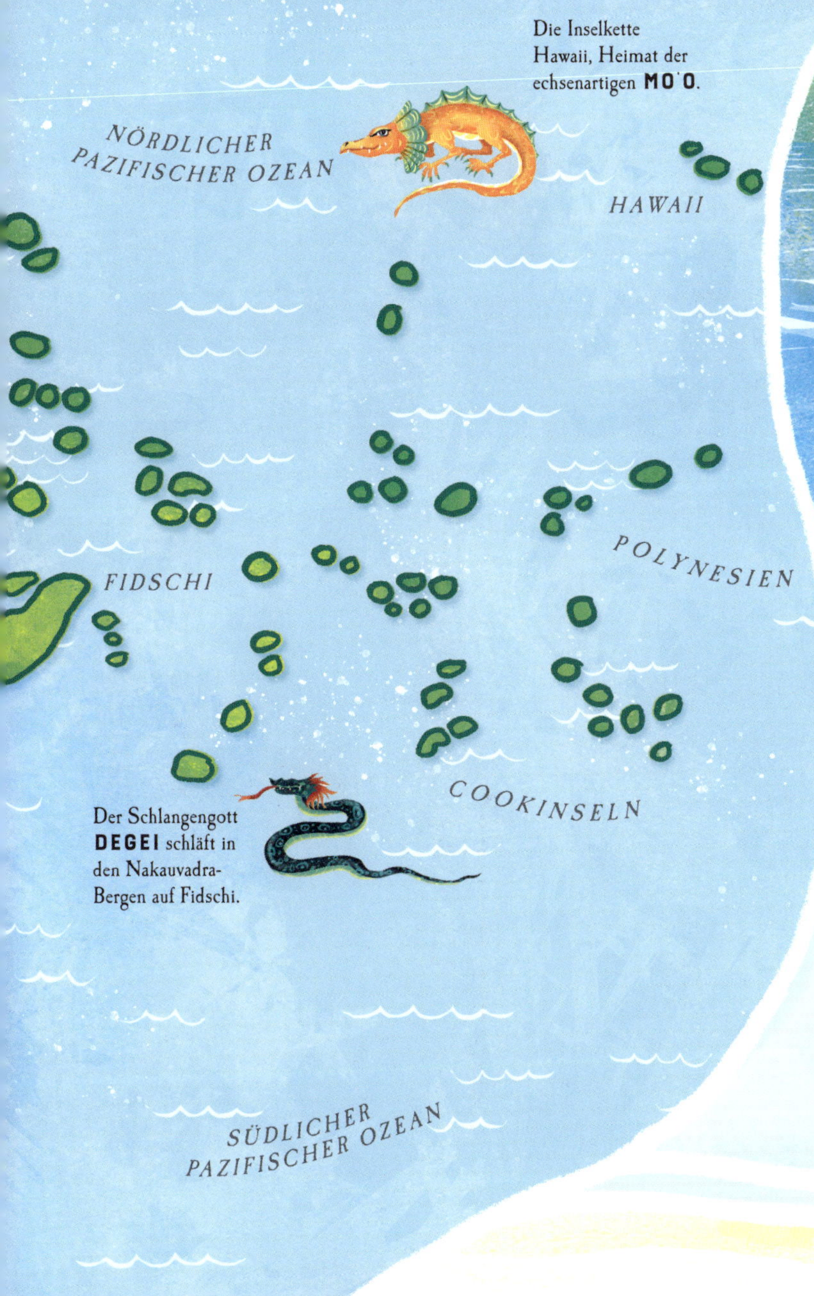

TANIWHA

NEUSEELAND

In den Erzählungen der Māori sind die Taniwha mächtige, echsenartige Wasserungeheuer. Sie können eine Kraft des Guten sein und die Menschen beschützen, die in der Nähe ihrer Gewässer leben – verschlingen aber auch gern Fremde oder alle, denen es an Respekt vor der Natur mangelt. Sie graben mit ihren riesenhaften Körpern Hafenbecken und Flussbetten aus, und einige Hügel sollen sogar zu Stein gewordene alte Taniwha sein.

KURREAH

NEW SOUTH WALES, AUSTRALIEN

Der Kurreah ist ein Wasserdrache, der in der Boobera Lagoon im Osten Australiens leben soll. Er hat einen langen, schuppigen Körper, Schwimmhäute und große Kiemen um seinen Nacken. Der Kurreah hasst es, wenn Menschen in seiner Lagune fischen oder schwimmen und packt sie manchmal mit seinem Maul oder wickelt seinen Schwanz um sie, um sie in die Tiefe zu ziehen.

DEGEI

FIDSCHI

Den Erzählungen zufolge gab es vor langer Zeit nur zwei Wesen: Degei, einen Schlangendrachen, und Turukawa, ein Falkenweibchen. Als Turukawa zwei Eier legte, bewachte und wärmte Degei sie, bis zwei winzige Menschen schlüpften. Degei formte die Fidschi-Inseln, damit sie auf ihnen leben konnten, ließ Obstbäume für sie wachsen und zeigte ihnen, wie man Ackerbau betrieb und Feuer machte. Aus diesen beiden ersten Menschen entstand das Volk der Fidschianer*innen. Angeblich wacht Degei noch immer von seinem Nest in den Nakauvadra-Bergen aus über sie.

HATUIBWARI

SOLOMON-INSELN

Dieser mächtige Drachengott soll der Schöpfer des Meeres, der Landmassen und aller Menschen sein und jedes Lebewesen ernähren, das er geschaffen hat. Hatuibwari, der auch als Agunua bekannt ist, hat einen langen Reptilienkörper und die Schultern, Arme und den Kopf eines Menschen. Er hat vier Augen, lederne Fledermausflügel und Krallen anstelle von Fingern. Sein heiliger Baum ist die Kokospalme, und die erste Kokosnuss, die von jedem Baum gepflückt wird, gebührt immer ihm.

NAN MADOL

POHNPEI, MIKRONESIEN

Nan Madol ist eine uralte, geheimnisvolle Stadt, die auf einem Korallenriff im Meer vor Pohnpei in Mikronesien errichtet wurde. Niemand weiß, wie die Menschen die massiven, fünfzig Tonnen schweren Felsblöcke, auf denen sich die Stadtmauern befinden, bewegt haben. Einer Legende zufolge sollen die Felsblöcke jedoch von den Zwillingszauberern Olisihpa und Olosohpa sowie mithilfe eines fliegenden Drachens bewegt worden sein, der sie durch die Luft schweben ließ.

KALAMAINU'U, DIE MO'O

DIE SURFENDE DRACHENGÖTTIN VON HAWAII

HAWAII

Die Mo'o sind Wasserdrachen, die in Seen, Flüssen und tiefen, dunklen Teichen leben. Viele sind weiblich und können verschiedene Gestalten annehmen, wie die eines riesigen, echsenartigen Drachens, eines winzigen Geckos oder einer wunderschönen Frau.

Eine berühmte Geschichte handelt von Kalamainu'u, einer Mo'o, die in einer Flusshöhle auf der Insel Oahu lebte. Eines Tages nahm sie die Gestalt einer schönen Frau an, um auf dem Meer zu surfen und sich einen Ehemann zu suchen. Dabei verliebte sie sich in einen jungen Mann namens Puna-ai-koa'e. Verzaubert von ihrer Schönheit, folgte er ihr in ihre Höhle, und sie heirateten. Aus Angst, dass Puna herausfinden könnte, dass sie eine Mo'o war, hielt sie ihn gefangen. Doch als er Kalamainu'u anflehte, ihn wieder surfen gehen zu lassen, erlaubte sie es ihm – solange er mit niemandem sprach.

Auf seinem Weg zum Meer begegnete er jedoch zwei Männern, Hinalea und Aikilolo, die ihm erzählten, dass seine Frau eine Mo'o war und ihn eines Tages fressen würde. Puna kehrte in die Höhle zurück und erblickte Kalamainu'u in ihrer Drachengestalt. Wutentbrannt jagte sie Hinalea und Aikilolo, die sich jedoch in Lippfische verwandelten. Also baute Kalamainu'u eine Falle, um sie zu fangen. Seitdem bitten die Menschen sie um Hilfe, wenn sie Fische fangen wollen.

DRACHEN-VERWECHSLUNGEN

Seit vielen Jahrhunderten erzählen sich die Menschen auf der ganzen Welt Drachengeschichten oder leben in Angst vor gefährlichen Drachen, die in nahegelegenen Seen oder Höhlen hausen. Kein Wunder also, dass die Menschen manchmal dachten, einen Drachen gesehen zu haben, obwohl es eigentlich etwas ganz anderes war ...

REISEBERICHTE

Früher reisten die Menschen nur selten weite Strecken, doch die, die es taten, kamen oft mit fantastischen Geschichten zurück oder schrieben Bücher über ihre Abenteuer. Einige dieser Geschichten und Bücher enthalten faszinierende Beschreibungen von drachenähnlichen Ungeheuern.

MARCO POLOS ZWEIBEINIGE SCHLANGEN

Im 13. Jahrhundert reiste der italienische Abenteurer Marco Polo durch Asien. Später schrieb er von bizarren, drachenähnlichen Bestien, die er in Carajan, dem heutigen Yunnan, gesichtet hatte. Ihre langen, schlangenartigen Körper, die zwei kurzen Beine und die großen Augen klingen sehr nach Drachen. Wahrscheinlich hat er jedoch eher Krokodile gesehen und ihre Hinterbeine nicht bemerkt!

HERODOT UND DIE GEFLÜGELTEN SCHLANGEN

Etwa 450 v. Chr. beschrieb der griechische Geschichtsschreiber Herodot einen seltsamen Anblick auf einer Reise nach Buto in Ägypten. Dort wurden ihm die Skelette von „geflügelten Schlangen" gezeigt. Eine Erklärung wäre, dass er die versteinerten Knochen von Flugsauriern gesehen hatte ...

STAMMEN DRACHEN VON DINOSAURIERN AB?

Viele Menschen glauben, dass die Legenden von Drachen von versteinerten Skeletten oder Fußabdrücken von Dinosauriern und ihren ausgestorbenen Verwandten inspiriert worden sein könnten. Als die Menschen der Antike sie entdeckten, dachten sie vielleicht, dass sie von magischen Wesen stammten, die immer noch irgendwo lebten. Einige Drachenarten sehen tatsächlich ausgestorbenen Reptilienarten zum Verwechseln ähnlich.

Einige haben Flügel, wie Flugsaurier.

Einige haben vier Beine mit vogelartigen Krallen, riesige Köpfe und scharfe Zähne.

Einige schwimmen im Meer, sehen aus wie lange Schlangen und haben vier kleine Beine.

Drachenhörner sehen aus wie die Schädelkämme einiger Dinosaurier- und Flugsaurierarten.

LEBENDE DRACHEN

Einige echte Drachen streifen heute noch durch die Wildnis – oder werden zumindest Drachen *genannt*!

Der Komodowaran (engl. Komodo dragon), die größte Echsenart der Welt, lebt auf einigen Inseln in Indonesien.

Flugdrachen (Draco) sind kleine Echsen aus Asien, die mit ihren Flughäuten kurze Strecken gleiten können. Sie sehen aus wie bunte Babydrachen!

Seedrachen sind australische Knochenfische (wie Seepferdchen), die aussehen wie Drachen.

NORD-AMERIKA

Der nordamerikanische Kontinent erstreckt sich von der eisigen Tundra im Norden bis zu den schwülen tropischen Inseln der Karibik im Süden, und ist vom Atlantischen und Pazifischen Ozean umgeben. Hier gibt es Vulkane, Berge, Flüsse, riesige Seen, weite Wälder und endlose Wildnis – also perfekte Lebensräume für Drachen. Hier leben zahlreiche indigene Völker, die alle ihre eigenen Erzählungen von magischen, furchterregenden Ungeheuern haben. In der jüngeren Vergangenheit sind zudem viele Siedler*innen und Einwander*innen aus der ganzen Welt hierhergekommen und haben ihre eigenen Drachenlegenden mitgebracht. Fliegende, gehörnte und gefiederte schlangenähnliche Drachen sind auf diesem Kontinent weit verbreitet, aber es gibt auch viele andere Arten, von Seeungeheuern mit rasiermesserscharfen Zähnen bis bin zu heißhungrigen Drachenvögeln. Viele davon sind todbringend, also behalte immer Himmel und Wasser im Auge, und halte dich von unheimlichen, düsteren Höhlen fern!

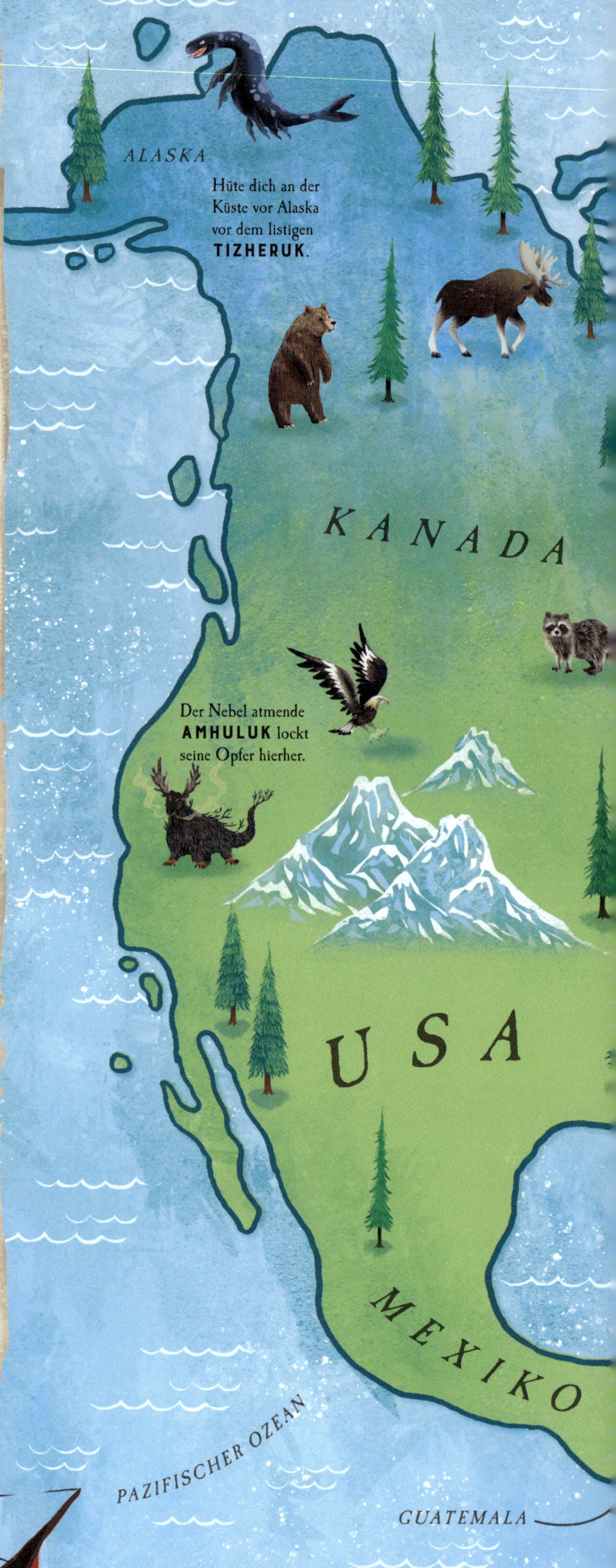

GAASYENDIETHA

ONTARIOSEE, KANADA UND USA

Der Gaasyendietha oder Meteordrache ist ein gewaltiger Drache, der im Ontariosee leben soll, einem der Großen Seen Nordamerikas. Laut dem Stamm der Seneca kam er auf einem Meteor oder einer Sternschnuppe aus dem Weltall auf die Erde. Obwohl er im See lebt, kann er fliegen und Feuer speien. Wann immer du Sternschnuppen über dem Ontariosee siehst, ist es der Feuerschweif des Gaasyendietha, der über den Himmel zieht.

TIZHERUK

ALASKA, USA

Einige Geschichten, die von den Iñupiat überliefert wurden, berichten von einem schrecklichen Seeungeheuer, dem Tizheruk. Er hat einen großen Kopf, ein hungriges Maul und kann jeden Menschen in Sekundenschnelle verschlingen. Manche sagen, er habe sechs Beine, andere sagen, er habe zwei; manche meinen, er sei pelzig wie eine Robbe, andere, er habe eine durchsichtige Haut. Sei auf jeden Fall vorsichtig, wenn du dich auf einen Steg oder Pier hinauswagst, da der Tizheruk aus den Wellen springen kann, um sich seine ahnungslosen Opfer zu schnappen.

AMHULUK

OREGON, USA

In den Erzählungen der Kalapuya lebt der furchterregende Amhuluk in und um einen See in den Bergwäldern im Nordwesten der USA. Diese unheimliche Kreatur ist mit Fell bedeckt, hat vier Beine, einen stachligen Rücken und Schwanz sowie zwei große Hörner. Der Amhuluk atmet feuchten, giftigen Nebel aus, der Krankheiten und Leid verbreitet, während sich der Boden unter seinen Füßen aufweicht und in schleimigen, klebrigen Schlamm verwandelt. Der Amhuluk fängt jedes Tier und jeden Menschen, die es wagen, seinen Weg zu kreuzen, und schleppt sie in seinen See. Dort verwandeln sie sich in seltsame unbekannte Wesen, dazu verdammt, für immer mit dem Amhuluk zu leben.

SNALLYGASTER

MARYLAND, USA

Als sich im 18. Jahrhundert die ersten Siedler*innen aus Deutschland an der Ostküste Nordamerikas niederließen, entstand die düstere Legende um den furchteinflößenden Snallygaster. Sein Name leitet sich von „schneller Geist" ab. Der Snallygaster ist ein fliegendes Ungeheuer, halb Drache, halb Vogel. Er hat riesige Flügel, einen Schnabel voller scharfer Zähne und Klauen aus glänzendem Metall. Er soll sich vom Himmel herabstürzen, um Kinder und Nutztiere zu packen und in seiner Höhle zu verspeisen. Das Einzige, was er fürchtet, ist ein siebenzackiger Stern, weshalb die Menschen ihn auf die Dächer ihrer Scheunen malten, um den Snallygaster fernzuhalten.

PIASA

ILLINOIS, USA

Auf einer Felswand hoch über dem Mississippi in Illinois, USA, befindet sich die Zeichnung eines Ungeheuers, das Piasa genannt wird. Sie ersetzt eine Felsmalerei, die inzwischen zerstört ist, aber bereits im 17. Jahrhundert entdeckt wurde. Zu sehen war eine schwarz-grün-rote Kreatur mit einem schuppigen Körper, einem menschlich aussehenden Gesicht mit Hörnern und einem Bart und einem langen Schwanz mit einer fischartigen Flosse am Ende. Obwohl er manchmal als Vogel bezeichnet wird, sieht das geheimnisvolle Tier eher wie ein Drache aus. Man geht davon aus, dass er Teil der Mythen der Cahokia ist, die einst in dieser Gegend lebten, aber niemand weiß mit Sicherheit, was es mit ihm auf sich hatte und ob er Freund oder Feind war.

KUKULKAN

DER GEHÖRNTE SCHLANGENGOTT DER MAYA, SPROSS EINER MENSCHENFAMILIE

MEXIKO

Die Maya leben seit über 4.000 Jahren in der Region Yucatán in Mexiko. In ihrem alten Glauben war Kukulkan ihr wichtigster Gott. Er sah aus wie eine Schlange und hatte einen drachenähnlichen Kopf, verwandelte sich jedoch manchmal und erschien als menschlicher Maya-Krieger oder Riesenschlange mit menschlichem Kopf oder Gesicht.

Bis heute erzählen sich die Maya Geschichten darüber, wie er geboren wurde. Vor langer, langer Zeit bekam eine Menschenfamilie einen Jungen, der jedoch als Schlange geboren wurde. Seine Schwester nahm ihn mit in eine Höhle und kümmerte sich um ihn. Als der Schlangenjunge immer größer wurde, bekam er Federn und Hörner, und seine Schwester erkannte, dass er keine gewöhnliche Schlange war, sondern ein gefiederter Schlangengott.

Irgendwann war ihr Bruder so groß, dass sie nicht mehr ausreichend Nahrung für ihn finden konnte. Also breitete er seine Flügel aus, verließ die Höhle und flog über das Meer. Gleichzeitig erschütterte ein Erdbeben die Welt. Ihr Bruder war zu Kukulkan geworden, dem Gott der Erdbeben, des Regens, Windes und Sturms, aber auch des Ackerbaus, Krieges und allen Lebens, sowohl auf der Erde als auch in der Unterwelt. Seitdem lässt er jedes Jahr die Erde neu erbeben, um seiner Schwester ein Lebenszeichen zu senden.

DRACHEN-SICHTUNGEN

Wie es wohl wäre, einen echten Drachen zu entdecken, der am Himmel kreist oder in einer Höhle oder trüben Lagune lauert? Tatsächlich gab es immer schon Menschen, die überzeugt waren, einen echten Drachen gesehen zu haben ...

DER DRACHE VON ALEXANDER DEM GROSSEN

Dieser altgriechische König und Heerführer soll auf seinen Reisen durch Indien einem Drachen begegnet sein. Einer Beschreibung in einem alten römischen Geschichtsbuch zufolge zischte das schlangenähnliche Ungeheuer laut und streckte seinen Kopf aus einer Höhle – und allein sein Kopf soll über 30 m lang gewesen sein! Die Einheimischen verehrten das Ungeheuer, weshalb Alexander es nicht angriff. Was Alexander tatsächlich gesehen hat, ist ein Rätsel, aber kein bekanntes Lebewesen kann so groß gewesen sein!

DER DRACHE VON BOLOGNA

1572 kursierten Gerüchte über einen kleinen, zischenden, zweibeinigen Drachen, der in der Nähe der italienischen Stadt Bologna umherstreifte. Dem Arzt und Biologen Ulisse Aldrovandi zufolge wurde der Drache von einem Hirten gefunden und getötet. Aldrovandi selbst stellte den getrockneten Körper in seinem Naturalienkabinett aus und erklärte, dass es sich um einen Babydrachen handeln müsse, weil er so klein sei!

Man geht von einer Fälschung aus, die aus einer Schlange, einem Fisch und den Vorderbeinen einer Kröte zusammengenäht wurde. Oder war es doch ein echter Drache?

DAS GEFLÜGELTE UNGEHEUER VON ARIZONA

1890 berichtete eine Lokalzeitung aus Arizona, USA, Unglaubliches: zwei Cowboys hätten in der Wüste ein furchtbares Ungeheuer gejagt und getötet. Es sei vom Fliegen entkräftet gewesen und habe einem Alligator geähnelt, mit viel längerem Schwanz, zwei Vorderbeinen und zwei riesigen Flügeln. Seine Gesamtlänge soll 28 m betragen haben. Es wurde jedoch weder gefunden noch konserviert.

EIN WALISISCHER MINIDRACHE

2001 überprüften Biolog*innen einen Steinbruch in Wales, um nach einem seltsamen Tier zu suchen, das Einheimische gesehen hatten, und staunten nicht schlecht, als sie ein 1 m langes, drachenähnliches Tier entdeckten, das im Kreis herumflog. Es soll grün geschimmert und den Kopf eines Seepferdchens gehabt haben. Seitdem wurde es jedoch nicht mehr gesehen.

DIE DRACHEN VOM PILATUSMASSIV

Der Pilatus in der Schweiz wird mit vielen Drachenlegenden und mindestens drei Drachensichtungen in Verbindung gebracht.

1421 berichtete ein Bauer, einen Drachen gesehen zu haben, der Richtung Pilatus flog. Er sei ihm so nahegekommen, dass er von der Hitze und dem Gestank in Ohnmacht gefallen sei. Als er erwachte, fand er einen mit getrocknetem Blut bedeckten Stein, dem später Heilkräfte zugeschrieben wurden.

1499 soll am Morgen nach einem heftigen Sturm ein durchnässter Drache nahe der Spreuerbrücke in Luzern aus der Reuss gestiegen sein. Es heißt, starker Wind und Regen hätten ihn einen Bergbach hinuntergefegt.

Und 1649 schrieb der Landvogt Christoph Schorer, er habe einen hell leuchtenden Drachen mit flatternden Flügeln gesehen, der aus einer Höhle am Pilatus flog. Sein Kopf habe dem einer Schlange mit Zähnen geähnelt, und er habe im Flug Funken ausgestoßen.

Bis heute, heißt es, könne man am Pilatus manchmal den Flügelschlag von Drachen und ihre Schatten an den Felsen sehen.

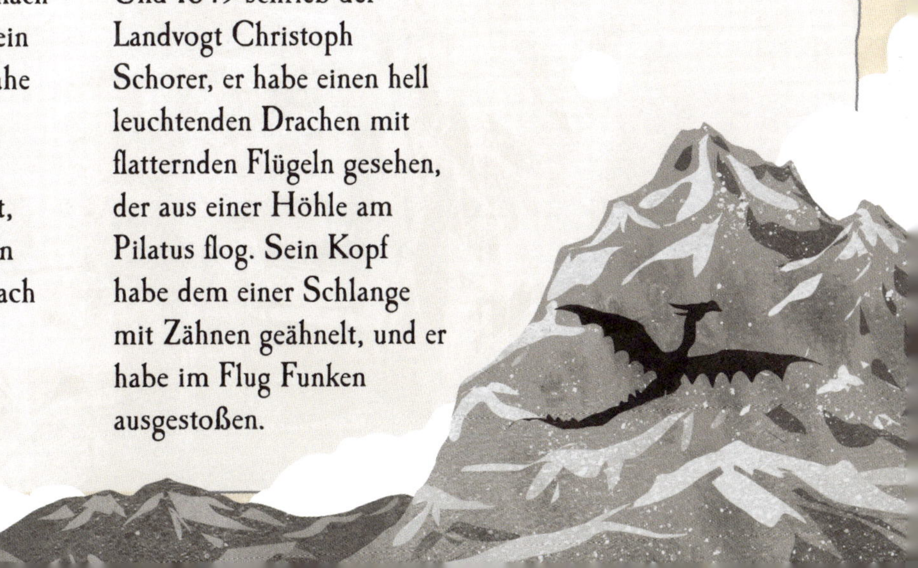

SÜD-AMERIKA

Südamerika ist ein riesiger Kontinent mit einem mehrere tausend Kilometer breiten tropischen Norden, der sich wie ein gebogener Drachenschwanz nach Süden hin verjüngt und fast bis an die Antarktis reicht. Südamerika ist, von den schneebedeckten Anden bis zum riesigen Amazonas-Regenwald, ein Land der Extreme. Hier finden sich mit dem Amazonas der wasserreichste Fluss der Welt, mit den Iguazú-Wasserfällen die höchsten Wasserfälle und mit dem Ojos del Salado der höchste aktive Vulkan. Er ist zwar seit über tausend Jahren nicht mehr ausgebrochen, aber es gibt in Südamerika andere Vulkane, deren Ausbrüche weniger lang zurückliegen, wie den Cotopaxi und Villarrica, deren mit Lava gefüllte Krater feuerliebenden Drachen ein perfektes Zuhause bieten. Es gibt aber auch Drachen, die in den Dschungeln und Wäldern, Flüssen und Höhlen und in einem geheimnisvollen unterirdischen Reich leben sollen.

Neben atemberaubenden Landschaften hat Südamerika eine erstaunliche Anzahl an wilden Tieren, wie die Anakonda, eine riesige Wasserschlange, den Kondor, einen mächtigen Raubvogel, und den Helmbasilisk, eine Echse, die über Wasser laufen kann und einem Miniaturdrachen ähnelt. Und vielleicht teilen diese Kreaturen ja ihren Lebensraum mit einem Drachen …

IHUAIVULU

CHILE UND ARGENTINIEN

In den Mythen der Mapuche ist der Ihuaivulu ein gewaltiger Feuerdrache mit einem schlangenähnlichen Körper und sieben Köpfen, die immerzu Feuer speien. Er haust in den Kratern aktiver Vulkane, wo er jederzeit eine tödliche Eruption auslösen kann. Es heißt auch, dass er den Eingang zur Unterwelt der Mapuche bewachen soll, einem Land der Schlangen. Sein Körper ist mit rot glänzenden Schuppen überzogen, die er selbst herstellt, indem er in der sengenden Hitze seines vulkanischen Zuhauses Kupfer schmilzt.

PEUCHEN

CHILE UND ARGENTINIEN

Eine weitere der zahlreichen mythischen Kreaturen der Mapuche ist der Peuchen. Er erscheint meist als Schlange mit bunt gefiederten Flügeln und gibt im Flug einen unheimlichen Pfeifton von sich. Er ernährt sich von Schafen, Ziegen und manchmal auch Menschen, indem er seine Beute mit seinen goldglänzenden Augen lähmt. Dann stürzt er sich auf seine hilflosen Opfer, schlägt seine Fänge in sie, frisst ihr Herz und saugt alles Blut aus ihren Körpern.

DIE BOITATÁ UND DAS LICHT

DIE GESCHICHTE EINES AUGÄPFEL FRESSENDEN SCHLANGENDRACHENS

BRASILIEN

Die Boitatá ist in den Legenden der Tupi und Guaraní eine drachenähnliche, magische Kreatur des Waldes. Ihr Name bedeutet so viel wie „Feuerschlange“, da ihr Körper in Flammen gehüllt ist und insbesondere ihre Augen feurig lodern und jeden erblinden lassen, der ihrem Blick begegnet.

Die Boitatá war jedoch nicht immer so. Vor langer, langer Zeit war sie eine Anakonda, eine riesige Wasserschlange. Eines Tages regnete es so lange, bis die ganze Welt überflutet war. Tausende von wilden Tieren ertranken. Die Anakonda tauchte aus dem Wasser auf, streifte umher und fraß die Augäpfel von allen ertrunkenen Tieren, die in der Dunkelheit leuchteten.

Je mehr Augäpfel sie verschlang, desto heller begann sie selbst zu leuchten, bis sie eine gewaltige, lichterfüllte Schlange war. Die Augäpfel waren jedoch nicht nahrhaft genug, um sie am Leben zu erhalten, und so starb die Schlange. Ihr Körper platzte auf, und das ganze Licht in ihr kehrte in die Welt zurück und formte sich zur Sonne am Himmel. Der Wald war nicht länger dunkel, die Bäume erblühten und der Dschungel wurde wieder ein Zuhause für die Tiere.

Die Schlange war jedoch nicht verschwunden. Sie wurde zur Boitatá, einem feurig glühenden Waldgeist. Sie streift bis heute durch den Dschungel, um über die Wildtiere zu wachen und alle zu verbrennen, die versuchen, den Bäumen zu schaden – und, natürlich, frisst sie ihre Augäpfel.

AMARU

PERU UND BOLIVIEN

Der Amaru ist in den Mythen der Inka und Tiwanaku ein bedeutender und allmächtiger Drache aus dem gebirgigen Westen von Südamerika. Er hat einen schlangenähnlichen, schuppigen Körper, einen Fischschwanz, die Flügel eines Kondors und zwei Köpfe, einen Vogel- und einen Jaguarkopf. Er lebt tief unter Wasser oder unter der Erde, und sein vielgestaltiger Körper steht für seine Macht, unterschiedliche Welten zu verbinden: Wasser und Unterwelt, Land und Himmel. Er versorgt die Menschen mit Wasser, kann aber auch Stürme und Überschwemmungen, Erdbeben und Feuer und Wandel aller Art hervorrufen.

ARAǴANAQLTA'A

ARGENTINIEN

In den Erzählungen der Toba gibt es ein Ungeheuer, das meist als riesige Schlange erscheint und sich auf fransenartigen Füßen vorwärtsbewegt. Es hat einen roten Schädelkamm, der ihm magische Kräfte verleiht, und zwei Haken am Schwanz, um seine Beute festzuhalten. Es kann auch andere Gestalten annehmen, wie die eines vierbeinigen Drachen, eines flugunfähigen Nandus oder eines elegant gekleideten Menschen. Egal in welcher Gestalt, es behält immer seinen Schädelkamm. Die Aufgabe des Araǵanaqlta'a ist es, die Natur zu beschützen und diejenigen anzugreifen, die den wilden Wäldern, Flüssen oder Tieren schaden. Wenn du dich jedoch respektvoll verhältst, wird es mit dir sprechen und dich die Heilkraft lehren.

SACHAMAMA

PERU

In den Regenwäldern von Peru lauert einer der größten Schlangendrachen Südamerikas: die Sachamama, Mutter des Waldes. Sie ist ein gewaltiges Reptil mit einem riesigen, echsenartigen Kopf und steingrauen Schuppen. Wenn sie ihr Maul öffnet, sieht es aus wie eine Höhle. Sie liegt Hunderte von Jahren reglos da, bis Bäume auf ihr wachsen. Aber wenn sie sich bewegt, erschüttert sie den ganzen Dschungel und gräbt mächtige, schlammige Rinnen, durch die sie gleitet. Aber aufgepasst! Auch wenn die Sachamama freundlich sein kann, wird sie nach jedem Menschen schnappen, der sie ärgert, und ihn verschlingen.

DRACHEN-RATGEBER

Wie du weißt, sind manche Drachen harmlos oder sogar freundlich, viele aber nicht. Solltest du also jemals einem Drachen begegnen, wird dir dieser nützliche Ratgeber dabei helfen, gesund und munter zu den Menschen zurückzukehren.

RESPEKTIERE DIE NATUR

- Viele Drachen bewachen wilde Orte, vor allem Wälder und Seen. Diese Naturwächter greifen dich nur an, wenn du dich schlecht benimmst, also respektiere immer die Natur.
- Zünde kein Feuer in Boitatás Wald an, dringe nicht in Kurreahs Lagune ein und segele nie zu nah an den Kokele-Mbembe heran.
- Sei vorsichtig, wo auch immer du hingehst – es könnte ein Drache in der Nähe lauern.

SCHÜTZE DICH

Wenn du weißt, was Drachen am meisten fürchten oder wie man sie überlisten kann, droht dir keine Gefahr. Vergiss nicht:

- Ein siebenzackiger Stern vertreibt den bösartigen Snallygaster.
- Ein magischer Orangenbaum kann dich vor dem Feuer- oder Giftatem eines Drachens schützen.
- Der todbringende Basilisk hat große Angst vor Wieseln, dem einzigen Geschöpf, das ihn zu töten vermag – nimm also immer ein Wiesel mit, wenn du mit diesem gefährlichen Drachen zu tun hast.

DRACHENKÄMPFE

Drachenkämpfe sollten, wenn möglich, immer vermieden werden. Wenn es jedoch nicht anders geht, können dir diese Tipps helfen:

- Dein Schwert oder Speer wird wahrscheinlich nichts gegen die eisenharten Schuppen eines Drachens ausrichten können. Ziele daher auf den weicheren, schuppenfreien Bauch oder die Achseln.
- Bringe größere Drachen dazu, ein mit Schwefel gefülltes Schaf oder brennenden Torf zu fressen.
- Schließe nie einen Handel mit einem Drachen ab! Sie können heimtückisch sein, wie Dobrynja Nikititsch auf die harte Tour lernen musste, als er gegen den listigen Smej kämpfte.